यात्रा निष...
से हनुमान घाट तक

(काशी के घाटों का एक झलक)

डॉ जगदीश पिल्लई

|| देवाधिदेव श्री काशी विश्वनाथ को समर्पित ||

क्रम-सूची

क्रम-सूची

प्रार्थना

श्री विश्वनाथाष्टकम्

गङ्गातरङ्ग रमणीय जटाकलापं
गौरीनिरन्तरविभूषितवामभागम् ।
नारायणप्रियमनङ्गमदापहारं
वाराणसीपुरपतिं भज विश्वनाथम् ॥ १ ॥

वाचामगोचरमनेकगुणस्वरूपं
वागीशविष्णुसुरसेवितपादपीठम् ।
वामेन विग्रहवरेण कलत्रवन्तं
वाराणसीपुरपतिं भज विश्वनाथम् ॥ २ ॥

भूताधिपं भुजगभूषणभूषिताङ्गं
व्याघ्राजिनाम्बरधरं जटिलं त्रिनेत्रम् ।
पाशाङ्कुशाभयवरप्रदशूलपाणिं
वाराणसीपुरपतिं भज विश्वनाथम् ॥ ३ ॥

शीतांशुशोभितकिरीटविराजमानं
भालेक्षणानलविशोषितपञ्चबाणम् ।
नागाधिपारचितभासुरकर्णपूरं
वाराणसीपुरपतिं भज विश्वनाथम् ॥ ४ ॥

पञ्चाननं दुरितमत्तमतङ्गजानां
नागान्तकं दनुजपुङ्गवपन्नगानाम् ।
दावानलं मरणशोकजराटवीनां
वाराणसीपुरपतिं भज विश्वनाथम् ॥ ५ ॥

तेजोमयं सगुणनिर्गुणमद्वितीयं

आनन्दकन्दमपराजितमप्रमेयम् ।
नागात्मकं सकलनिष्कलमात्मरूपं
वाराणसीपुरपतिं भज विश्वनाथम् ॥ ६ ॥

आशां विहाय परिहृत्य परस्य निन्दां
पापे रतिं च सुनिवार्य मनः समाधौ ।
आदाय हृत्कमलमध्यगतं परेशं
वाराणसीपुरपतिं भज विश्वनाथम् ॥ ७ ॥

रागादिदोषरहितं स्वजनानुरागं
वैराग्यशान्तिनिलयं गिरिजासहायम् ।
माधुर्यधैर्यसुभगं गरलाभिरामं
वाराणसीपुरपतिं भज विश्वनाथम् ॥ ८ ॥

वाराणसीपुरपतेः स्तवनं शिवस्य
व्याख्यातमष्टकमिदं पठते मनुष्यः ।
विद्यां श्रियं विपुलसौख्यमनन्तकीर्तिं
सम्प्राप्य देहविलये लभते च मोक्षम् ॥ ९ ॥

इति श्रीव्यासकृतम् विश्वनाथष्टकम पूर्ण ||

लेखक के बारे में

डॉ. जगदीश पिल्लई चार बार गिनीज़ रिकॉर्ड धारी है और उत्तर प्रदेश में सबसे ज्यादा गिनीज़ रिकॉर्ड इनके नाम है| वह एक उत्साही पाठक, लेखक और सच्चे शोध विद्वान है जिनका का जन्म भगवान शिव के नगरी वाराणसी में हुआ था।

वह वैदिक विज्ञान में पी.एच.डी. किया हुआ है| वह जन्मजात गुणों, रचनात्मक विचारों और कई उल्लेखनीय उपलब्धियों के साथ एक बहुआयामी पॉलीमैथ है। यद्यपि उनकी जड़ें "गॉड्स ओन कंट्री" (केरल) तक फैली हुई हैं| वाराणसी के निवासी उन पर गर्व महसूस करते हैं और उन्हें वाराणसी के एक बच्चे के रूप में मानते हैं जो बिना किसी अपेक्षा के हर व्यक्ति की जरूरत को पूरा करता है। उनकी प्रोफाइल के गहन अध्ययन से पता चलता है कि उन्होंने कामयाबी के कई सारे पंख जोड़े हैं जो उन्हें काफी अनोखा बनाते हैं।

वह निम्नलिखित विषयों में चार बार गिनीज बुक ऑफ वर्ल्ड रिकॉर्ड धारक हैं:

(1) "स्क्रिप्ट टू स्क्रीन" जो उन्होंने कनाडा के लोगों द्वारा पहले के सेट रिकॉर्ड को तोड़कर कम से कम समय के भीतर कला एनीमेशन फिल्म का निर्माण और निर्देशन करके हासिल की। उनके नाम पर कई राष्ट्रीय और अंतर्राष्ट्रीय पुरस्कार और सम्मान भी हैं।

(2) पोस्ट कार्ड की सबसे लंबी लाइन जो उन्होंने 16300 पोस्ट कार्डों द्वारा भारतीय डाक दिवस के 163 साल के अवसर पर की है। यह कार्यक्रम भारतीय ध्वज के बारे में एक प्रश्नावली से भी जुड़ा था।

(3) सबसे बड़ा पोस्टर जागरूकता अभियान - यह "बेटी बचाओ - बेटी

पढाओ" विषय पर जागरूकता अभियान तैयार करके प्राप्त किया गया था।

(4) सबसे बड़ा लिफाफा - प्रधानमंत्री की पहल 'मेक इन इंडिया' को श्रद्धांजलि के लिए - उन्होंने रद्दी कागजों का उपयोग करके लगभग 4000 वर्ग मीटर का लिफाफा बनाया है।

(5) भारत के सत्तरवें स्वतंत्रता दिवस को मनाने के लिए 210 किलो के केक पर 70000 मोमबत्तियां जलाकर वर्ल्ड रिकॉर्ड्स इंडिया में दर्ज अपना नाम दर्ज किया|

(6) सारनाथ के धमेक स्तूप पर 17 भाषाओं में डबिंग करके एक वृत चित्र बनाया है जिसका परिणाम गिनीज वर्ल्ड रिकॉर्ड्स से प्रतीक्षारत है|

वे गीता शिक्षण में बहुमुखी प्रतिभा के धनी हैं। युवा पीढ़ी उनके गीता शिक्षण से प्रेरित है और उन्होंने अपने निरंतर प्रेरक, प्रोत्साहन और शिक्षाओं के माध्यम से कई युवाओं के जीवन को बदल दिया है।

उन्होंने गायत्री मंत्र को 1000 अलग-अलग धुनों में गाया है।

उन्होंने 108 अलग-अलग धुनों में हनुमान चालीसा को गाया है।

उन्होंने सैकड़ों संस्कृत भजन, देशभक्ति गीत आदि की रचना और गायन किया है।

उन्होंने कई सरकारी जागरूकता अभियानों के लिए कई लघु फिल्मों और वृत्तचित्रों का लेखन और निर्देशन किया है।

उन्होंने वीडियो और फोटोग्राफी के माध्यम से विभिन्न मुद्दों पर जागरूकता अभियान फैलाने के लिए यूपी पुलिस और केरल पुलिस को

स्वैच्छिक सेवाएं दी हैं।

वह भारतीय संस्कृति, भारतीय मंदिरों और असाधारण लोगों के जीवन पर हजारों किताबें लिखने की राह पर हैं।

यह विश्वास करना कठिन है कि उन्होंने एक विशेष शहर (वाराणसी) पर 100 से अधिक वृत्तचित्रों का निर्माण और निर्देशन किया है, जो अकेले एक व्यक्ति द्वारा किया गया है।

उन्होंने 25 से अधिक लड़कों और लड़कियों को विभिन्न रचनात्मक और अभिनव तरीकों के माध्यम से विश्व रिकॉर्ड हासिल करने में मदद और मार्गदर्शन किया है।

एक बहुमुखी व्यक्ति जो ईश्वर प्रदत्त आशीर्वाद का उपयोग करके अपनी बुद्धि का सबसे अच्छा उपयोग करता रहता है| इसलिए वह कई चीजों को सीखने, अनुभव करने और प्रयोग करने और भेदभाव और असमानताओं की इस दुनिया में चमत्कार करने की अपार क्षमता प्रदान करता है। .

वह एक ही समय में एक शिक्षक और एक छात्र है जो हमेशा हर दिन सीखता है और हर दिन किसी न किसी को कुछ न कुछ पढ़ाता है। एक मास्टर के तौर पर उनकी कमजोरी यह थी कि वह कभी किसी खास विषय पर नहीं टिकते। शायद यही कमजोरी उसे किसी भी क्षेत्र में महारत हासिल करने की ताकत देती है।

उनका प्रत्येक दिन एक नया विषय सीखने के साथ शुरू होता है और वह अपना अधिकांश समय प्रयोग और शोध करने में व्यतीत करते हैं।

वह एक निस्वार्थ सामाजिक कार्यकर्ता और एक प्रेरक वक्ता भी हैं।

उनका जीवन भी संघर्ष, उतार-चढ़ाव और असफलताओं से भरा रहा है। लेकिन उन्होंने कभी हार नहीं मानी और आत्मविश्वास से भरे अपने सभी परीक्षणों और क्लेशों का सामना किया। आज वह एक सफल युवक है जिसके पास बहुत जोश और समृद्ध जीवन का अनुभव है।

उन्होंने अपनी ही धुन से पूर्ण रामचरित मानस 51 घंटे का ऑडियो गाया है। उन्होंने पूरी भगवद-गीता को भी अपनी धुन में एक लयबद्ध पृष्ठभूमि के साथ गाया है।

उन्होंने 50 अलग-अलग भाषाओं में "लोका: समस्ता: सुखिनो भवन्तु" भी गाया है।

वर्तमान में वेद, उपनिषद, पुराण, भगवद गीता आदि पर विस्तृत और वैज्ञानिक अध्ययन पर काम कर रहे हैं।

वर्तमान में, वह 'यूरेशिया डिजिटल यूनिवर्सिटी' के मानद चांसलर हैं।

पुरस्कार

चार बार गिनीज वर्ल्ड रिकॉर्ड्स में नाम दर्ज|

महात्मा गांधी विश्व शांति पुरस्कार के विजेता|

महात्मा गांधी वैश्विक शांति राजदूत|

काशी रत्न पुरस्कार|

डॉ० ए०पी०जे० अब्दुल कलाम मोटिवेशनल पर्सन ऑफ द ईयर 2017|

मदर टेरेसा पुरस्कार।

इंदिरा गांधी प्रियदर्शिनी पुरस्कार।

भारत विकास रत्न पुरस्कार।

उद्योग रत्न पुरस्कार।

विज्ञान प्रसार पुरस्कार।

पूर्वांचल रत्न पुरस्कार।

डॉ. जगदीश पिल्लई वैदिक साइंस, भगवद्गीता आदि के टीचर है। उसके आलावा लेखक, गायक, फिल्म मेकर, जेमोलोजिस्ट, आस्ट्रो-वास्तु कंसलटेंट, वर्ल्ड रिकॉर्ड कंसलटेंट, प्राणिक हीलर, स्पिरिचुअल काउंसलर, टैरो कार्ड रीडर आदि विषयों में भी महारत हासिल है।

आप आल इंडिया मलयाली एसोसिएशन उत्तर प्रदेश के चेयरमैन है एवं भारतीय मानवाधिकार एसोसिएशन के 'संस्कृति एवं संस्कार' का राष्ट्रीय सचिव भी है।

आमुख

कई साल पहले जब जीवन का कुछ मुश्किल समय चल रहा था और उस समय को किसी तरह बिताने के लिए काशी के गंगा किनारे की घाटों में घूमने जाते थे| असी घाट से राज घाट यूं ही पैदल चला करता था| कुछ दिन चलने के बाद एक दिन मन में आया कि सीधे गंगा किनारे से चलने से अच्छा है कि हर घाटों के पीछे जो गलीयां है उस गलियों से भी घूमा जाए| वो मेरा सही निर्णय था क्यों की असली में हर एक घाट के पीछे क्या क्या कहानी है, कौन कौन से मंदिर है और ऐसे कई रहस्य चीज़ों की जानकारी मिलने लगी| फिर मैंने एक दिन एक हैंडीकाम लेकर हर घाट एवं घाट के पीछे के इमारतें मंदिर आदि भी देखने एवं शूट करने लगे| हर घाट के स्थानीय लोगों से उस घाट के बारे में पूछने एवं नोट करने लगे| एक अंकल जी ने मुझे सारे घाटों की इतिहास पर एक बहुत पुरानी किताब भी दिया|

कई महीने बाद मन में आया कि हर एक घाट के ऊपर एक एक वृत्तचित्र बनाते हैं और हम उसकी तैयारी में लगे| शायद एक शहर के किसी एक विषय के ऊपर इतनी वृत्तचित्र दुनिया में पहली बार बनता और गिनीज़ वर्ल्ड रिकॉर्ड में आने की सम्भावना है| उसी के लिए लिखे हुए स्क्रिप्ट को ही दुनिया के लिए और आने वाले सहलानियों के लिए किताब के सीरीज़ रूप में प्रकाशित करने की सोचा जो इस पुस्तक के रूप में आज प्रकाशित हुआ है|

वाराणसी शहर के गंगा किनारे लगभग सौ घाट हैं। इनमें से सबसे प्रसिद्ध और सबसे पुराने घाट दशाश्वमेघ, मणिकर्णिका और हरिश्चंद्र घाट हैं। वहाँ के कुछ घाट हिन्दू शासकों जैसे मालवा क्षेत्र की अहिल्या बाई होल्कर, ग्वालियर के पेशवा, आमेर के मान सिंह, जयपुर के जय सिंह आदि द्वारा बनवाए गए हैं। बनारस की कुछ प्रसिद्ध हस्तियों ने घाटों का नाम अपने नाम पर रखा है। मुंशी घाट का नाम हिंदी कवि मुंशी

प्रेमचंद के नाम से है, तुलसी घाट हिंदू कवि तुलसीदास जी के बाद दिया गया है जिन्होंने रामचरितमानस लिखा है।

अधिकांश घाट मराठा काल में बने थे। मराठा, होल्कर, भौंसले, शिंदे (सिंधिया) और पेशवे (पेशवा) वर्तमान वाराणसी के संरक्षक के रूप में रहे हैं। वाराणसी में सुबह की नाव की सवारी पर्यटकों के आकर्षण के रूप में दुनिया भर में प्रसिद्ध है। यदि आप काशी में एक पर्यटक के रूप में आते हैं तो घाटों के पार गंगा पर नाव में सवार होकर एक छोर से दूसरी छोर तक जाना एक महान स्मृति बनकर जीवन भर मैन में रह सकते हैं|

अधिकांश घाट स्नान एवं पूजा आयोजन के लिए प्रसिद्ध है, जबकि दो घाट विशेष रूप से श्मशान स्थलों के रूप में उपयोग किए जाते हैं जैसे हरिश्चंद्र घाट एवं मणिकर्णिका घाट।

अधिकांश वाराणसी घाटों का पुनर्निर्माण 1700 ईस्वी के बाद किया गया था, जब शहर मराठा साम्राज्य का हिस्सा था। वर्तमान घाटों के संरक्षक मराठा, शिंदे (सिंधिया), होल्कर, भौंसले और पेशवे (पेशवा) हैं। कई घाट पौराणिक कथाओं से जुड़े हैं जबकि कई घाट निजी स्वामित्व में हैं। घाटों के पार गंगा पर सुबह की नाव की सवारी एक लोकप्रिय आगंतुक आकर्षण है।

गंगा हमारे बहुत से पवित्र संस्कारों की साक्षिणीय है| गंगा के तट पर स्नान के अतिरिक्त हमारी संस्कृति से जुडी हुई बहुत से सामाजिक अनुष्टान संपन्न कराये जाते है| सभी अनुष्ठानों के केन्द्र में गंगा की पवित्रता और उनके प्रति लोगों का आस्था झलकती है|

गंगा के अभाव में इस अनुष्ठानों के परिकल्पना ही संभव नहीं है| हमारे अनुष्ठानों का शुभारम्भ बाल्यावस्था में मुंडन संस्कारए युवा अवस्था में विवाह मृत्यु पर दाह संस्कार एवं मृत्योपरांत तर्पण तक चलती है| इन सभी अवस्थावों की साक्षी माँ गंगा है| गंगा के तट पर बच्चों का मुंडन

कराना अत्यंत श्रेयस्कर मानते है| बच्चों के आलावा बड़े भी कभी कभी गंगा तट पर मुंडन करवाते नज़र आते हैं|

विवाह के बाद नव दम्पति सर्वप्रथम माँ गंगा का आशीर्वाद लेने अपने परिजनों के साथ आते हैं और गंगा पूजन कर गाठ खोलने की रस्म निभाते हैं | लगन के दौरान बहुत से नव विवाहित जोड़े इस रस्म की अदायकी के लिए घाटों पर दिखाई पड़ते है| उत्तराँचल का महापर्व शूर्य षष्टि जिसको लोग मानस के भाषा में छट कहा जाता है, यहाँ गंगा के किनारे भी बहुत भव्य एवं विशाल पैमाने पर आयोजित किया जाता है| शाम से ही अस्थालाचलागामी भगवान् भास्कर को अर्ध देने केलिए वृति महिलाओं का जन सैलाब उमड़ पड़ता है|

काशी में तर्पण का मतलब तर जाना होता है यानी मोक्ष प्राप्ति जो की हमारे जीवन का परम उद्देश्य है|

निषादराज घाट

1

निषादराज घाट

जैन घाट एवं प्रभु घाट के बीच स्थित है निषादराज घाट। यह घाट पूर्णतया निषाद जाति के लोगों को समर्पित है। यहां पर निषाद जाति के लोग रहते है जिनको मल्लाह भी कहते हैं। घाट पर निषादराज मंदिर भी है जिसकी देखभाल व पूजन अर्चन इस जाति के लोग स्वयं ही करते है।

इस घाट का निर्माण 20वीं सदी के उत्तरार्द्ध में हुआ इससे पहले यह घाट प्रभुराज घाट का ही एक अंग हुआ करता था। निषादराज घाट पर 19वीं सदी में बने विशाल भवनों का वास्तु शिल्प मनोहर है। घाट के उपरी सिरे पर नावों की मरम्मत का निर्माण का कार्य वर्ष पर्यन्त चलता रहता है। इस पक्के घाट से होकर गली तक को जाने वाली सीढ़ियां इसे पुराने मुहल्लों से जोडती है। घाट काफी चैड़ा है एवं यहां बने भवनों का वास्तु शिल्प मनोहर है।

जिस किसी को भी नया नाव बनाना हो वो लोग यहाँ पर निवास मल्लाह के संपर्क में आते हैं और अपने अपने इच्छा अनुसार चाहे गंगा जी के सैर करने केलिए अथवा बाहर कही ले जाने केलिए यहाँ के लोगों के नाव बनाने की निपुणता को अजमाते रहते हैं|

प्रभु घाट

2

प्रभु घाट

निषाद राज घाट एवं पंचकोट घाट के बीच स्थित प्रभु घाट का निर्माण 20वीं सदी के पूर्वाद्र्ध में बंगाल प्रांत के धनिक निर्मल कुमार ने कराया था द्य साथ ही घाट पर एक विशाल भवन का निर्माण भी कराया द्य निषाद राज घाट की ही भांति यहाँ भी निषाद जाति के लोगों का बाहुल्य है।

1989 में राज्य सरकार ने घाट का जीर्णोद्वार किया कतारबद्ध घाटो की श्रृंखला को अक्षुण्ण रखते हुए प्रभुघाट भी मां गंगा की निर्मल लहरियों का निहारता तटस्थ खड़ा होकर किनारे की शोभा बढ़ा रहा है।

काशी प्रवास की लालसा आदि काल से ही सम्पूर्ण भारत वर्ष के लोगों को आकर्शित करती रही है। समय-समय पर देशभर के कोने-कोने से राजाओं, भिक्षुओं, संन्यासियों व धनिको ने मां गंगा की गोद को ही अपना सर्वोम स्थान माना। यहां आये गंगा किनारे भवनों घाटों का निर्माण कराया, स्वयं भी रहे और तीर्थ यात्रियों के सेवार्थ अपने भवन आदि को मां गंगा के भक्तों हेतु समर्पित करते रहे|

ऐसे ही एक समाज सेवी एवं बंगाल के धनिक निर्मल कुमार ने प्रभु घाट का निर्माण किया और-और आज भी यह मजबूत घाट उनके यश की

गाथा को गाता हुआ मां गंगा की सेवा में तटीस्थ है तथा आने वाले तीर्थ यात्रियों व सैलानियों के उपयोग का विषय है।

पंचकोट घाट

3

पंचकोट घाट

प्रभु घाट एवं चेत सिंह घाट के बीच स्थित पंचकोट घाट का निर्माण 19वीं सदी के अन्तिम चरण में बंगाल राज्य के पंचकोट के राजा ने कराया था द्य प्रभुघाट से लगा हुआ यह घाट अत्यन्त मनोहर है। घाट पर गंगा तट से कुछ सीढ़ियों के पश्चात् एक विशाल दीवार है दीवार के ऊपरी भाग में राजा का विशाल बगीचा है इस बगीचे के मध्य में दो मन्दिर हैं जिनमें भगवान शिव एवं मां काली की प्रतिमा स्थापित है। बगीचे से ही लगा हुआ राजा का विशाल भवन है। बलुआ पत्थरों से बना यह घाट स्वच्छ तथा रमणीय है।

काशी से बंगाल का कुछ अलग ही रिश्ता रहा है, मां काली के उपासक राज्य संगल के आवासिको की देन है। काशी में स्थित अनेकानेक मां काली मन्दिर उनमें प्रमुख है पंचकोट घाट स्थित यह काली मंदिर दीपावली पर्व पर होने वाली काली पूजा के दौरान यहां काली मन्दिर की छंटा अनुपम होती है। साथ ही यहाँ बंगाल से आये हुए तीर्थयात्री रहकर अपनी काशी यात्रा का लाभ उठाते है

घाट की रमणीयता बरबस ही वर्ष पर्यन्त सैलानियों को अपनी ओर आकृष्ट करती है तथा पर्व पर यहां श्रद्धालुओं व स्थानार्थियों की भीड़ रहती है।

चेतसिंह घाट

4

चेतसिंह घाट

पंचकोट एवं निरंजनी घाट के बीच स्थित है चेतसिंह घाट। यूं तो काशी के समस्त घाटों का अपना एक समृद्ध इतिहास है। किन्तु ऐतिहासिक दृष्टि से देखा जाये तो चेतसिंह घाट का एक विशष्टि स्थान है।

चेतसिंह घाट पर ही स्थित हे विशाल चेतसिंह किला जिसका निर्माण काशी राज्य के संस्थापक राजा बलवन्त सिंह ने कराया था। प्राचीन समय में यह घाट शिवालय घाट के नाम से जाना जाता था। 1781 में वारेन हेस्टिंग्स एवं तत्कालीन राजा चेतसिंह के बीच युद्ध इसी किले में हुआ था जिसमें राजा चेतसिंह पराजित हुए व किला अंग्रेजों के कब्जे में आ गया तब से लगभग 125 वर्षो तक यह किला अंग्रेजों के कब्जे में रहा। 19वीं सदी के अन्त में काशी राज प्रभुनारायण सिंह ने पुनः अंग्रेजों से यह किला प्राप्त किया व वर्तमान किले तथा घाट का नाम अपने पूर्वज महाराज चेतसिंह के नाम पर रखा गया।

घाट पर स्थित यह किला विशाल है किले के भीतर एक बारहदरी एवं 18वीं सदी ई. के तीन शिव मंदिर है किले के निर्माण में 16वीं 17वीं सदी ई. के राजपूत शैली का प्रयोग हुआ है। प्राचीन समय में काशी का प्रसिद्ध बुढ़वा मंगल पर्व इसी घाट पर सम्पन्न होता था जो चैत के

प्रथम मंगलवार से आरम्भ होकर सप्ताह भर चलता था।

निरंजनी घाट

5

निरंजनी घाट

आज चेतसिंह घाट एवं महानिर्वानी घाट के बीच स्थित निरंजनी घाट वस्तुतः चेतसिंह किले का ही एक हिस्सा था| जिसे काशी के तत्कालीन महाराज प्रभुनारायण सिंह ने नागा साधुओं को दान कर दिया था। इस घाट की स्थापना सन् 1897 ई. में हुई। घाट स्थित भवन में चार मंदिर है जिनमें निरंजनी महाराज की पादुका तथा दुगा गौरी-शंकर एवं गंगा जी की मूर्तियां प्रतिष्ठित है। घाट पर स्थित निरंजनी महाराज का पादुका मंदिर का निर्माण 19वीं सदी में हुआ है जिसमें गर्भ गृह अद्र्धमण्डप एवं नागर शली का छोटा शिखर स्थापित है।

घाट पर स्थित निरंजनी अखाड़ा आज भी उसी स्वरूप में स्थित है जहां जन कल्याण हेतु विविध धार्मिक अनुष्ठान नित्य प्रति होते रहते है। आज भी यहां सैकड़ों की संख्या में साधु संत रहकर भगवान शिव की उपासना करते हैं एवं मां गंगा की सेवा करते है। घाट पर स्थित मंदिर अनुयायियों एवं दर्शनार्थियों से वर्ष पर्यन्त गुलजार रहते है। देश भर से आने वाले तीर्थ यात्री एवं श्रद्धालु आकर जप, तप, दान, आदि करते हैं एवं मोक्षदायिनी काशी तीर्थ का लाभ लेते हैं।

गंगा तट पर बने प्रमुख घाटों में शुमार यह घाट काशी की अक्षुण परम्परा को समेटे हुए सैलानियों के कौतूहल एवं श्रद्धा का केंद्र है।

महानिर्वाणी घाट

6

महानिर्वाणी घाट

निरंजनी घाट एवं शिवाला घाट के बीच स्थित यह घाट महानिर्वाणी घाट कहलाता है व वस्तुतः इस घाट पर महानिर्वाणी सम्प्रदाय के नागा साधुओं का प्रसिद्ध अखाड़ा है। यह अखाड़ा प्राचीन काल में चेतसिंह किले का ही एक हिस्सा था जिसको तत्कालीन काशी नरेश महाराज प्रभुनारायण सिंह ने दान दे दिया था। 20वीं सदी के आरम्भ में किले के इस उत्तरी भाग में अखाड़े की स्थापना हुई। अखाड़े के भीतरी भाग में नेपाल के महाराजा द्वारा स्थापित छोटे-छोटे चार शिव मंदिर है। कहा जाता है कि 7वीं सदी ई. में सांख्य दर्शन के आचार्य कपिल मुनि इसी घाट पर निवास करते थे। महानिर्वाणी अखाड़े के समीप ही मदर टेरेसा द्वारा स्थापित दीन हीन संगति निवास है जिसमें निःसहाय, अपाहिज, कुष्ठ एवं अन्य रोगों से पीड़ित लोगों का उपचार होता है।

मनुष्य के जीवन के अंतिम एवं परम लक्ष्य निर्वाण है, नागा साधू निर्वाण प्राप्ति केलिए सांस्कारिक मोह मायाओं को त्यागकर बहुत ही सरल जीवन जीते हुए निर्वाण की पथ पर अग्रसर होते हैं| मुक्ति की नगरी काशी में निर्वाण का प्रत्यक्ष नागा साधुओं की जीवन शैली मैं झलकता है| यह सिर्फ काशी में ही संभव है की अनेकों अचार विचार का अनुकरण करने वाले सभी एक लक्ष्य, मुक्ति के लिए प्रयासरत रहते हैं|

यात्रा निषाद राज से हनुमान घाट तक

शिवाला घाट

7

शिवाला घाट

महानिर्वानी घाट एवं गुल्लारिया घाट के बीच स्थित इस घाट का निर्माण 18वीं सदी ई. में काशी राज्य के संस्थापक राजा बलवन्त सिंह ने कराया था। यह घाट विस्तृत घाट था जिसका विस्तार वर्तमान शिवाला घाट से लेकर दक्षिण में स्थित पंचकोट घाट तक था किन्तु कालान्तर में यह कई भागों में बंट गया। शिवाला घाट पर स्थित प्रमुख भवनों में नेपाल के राजा संजय विक्रमशाह द्वारा निर्मित विशाल भवन तथा शिव मंदिर है जिसकी स्थापना 19वीं सदी के उत्तराद्र्ध में हुई| घाट पर काशी राजा द्वारा स्थापित ब्रदेन्द्र मठ भी है जहां पर दक्षिण भारतीय तीर्थयात्रियों के ठहरने की व्यवस्था है।

काशी के अति प्राचीन मुहल्ले शिवाला से जुड़े होने एवं आज भी यह प्रबुद्धजन विद्वानों एवं मनीषियों के रहने के कारण घाट की प्रतिष्ठा उसी प्रकार बनी हुई है पुराने समय से ही यहां तीर्थ यात्री आकर काशी तीर्थ करते है एवं शिवार्चन तथा गंगा स्नान से अपना इहलोक व परलोक सुधारते है।

शिवाला घाट स्थित प्राचीन शिवालय न केवल स्थानीय लोगों बल्कि देशभर से आये तीर्थ यात्रियों के भी आस्था का केन्द्र है। शिवाला घाट के समीप ही स्थित है मुमुक्ष भवन जहां देशभर से वृद्ध लोग आकर रहते है एवं मोक्ष प्राप्ति की कामना में यही रहकर शरीर का त्याग करते हैं।

चन्द्राकार होते कतार बद्ध घाटों में शिवाला घाट अद्भुत सौन्दर्य को समेटे काशी के घाटों की शोभा में अद्यतन चार चांद लगा रहा है।

गुल्लरियाघाट

8

गुल्लरियाघाट

शिवाला घाट एवं दंडी घाट के बीच स्थित इस घाट का निर्माण 20 सदीं ई. के प्रारम्भ में काशी के प्रमुख व्यवसायी लल्लू जी अग्रवाल ने कराया था। इसके पूर्व यह घाट दण्डी घाट का ही एक हिस्सा था। घाट पर पहले एक विशाल गुलर का वृक्ष था जिसके नाम पर घाट का नाम गुल्लरिया घाट पड़ा।

काशी के घाटों में शुमार यह घाट काशी के दानदाता व्यवसायियों की आज भी याद दिलाता है। राजे रजवाड़ों के अतिरिक्त धर्म में आस्था रखने वाले काशी के प्रमुख व्यवसायी लल्लूजी ने इस घाट को स्थानार्थियों के लिए पक्का करा कर समर्पित किया| ऐसे अनेक दान-दाताओं व धर्म में आस्था रखने वाले व्यवसायियों ने समय-समय पर जनहित हेतु घाटों की मरमत, पुननिर्माण व जीर्णोधार का कार्य किया घाटों की श्रेणी को मजबूत करता हुआ यह घाट आज भी काशी की घाटों की श्रिंखला का एक हिस्सा है वस्तुतः गुलर का वृक्ष अब यहां नही है किन्तु आज भी स्थानीय लोग इसे गुल्लरियां घाट के नाम से ही जानते है।

शिवाला घाट एवं दंडी घाट के बीच का यह स्थान पक्का एवं स्वच्छ होने की वजह से स्नान के लिए उत्तम और सुविधा जनक है| यहाँ इसलिए

स्नानार्थियों की भीड़ लगी रहती है|

दण्डी घाट

9

दण्डी घाट

गुल्लारिया घाट एवं हनुमान घाट के बीच स्थित दण्डी घाट वस्तुतः दण्डी स्वामियों के मठ एवं निवास का केन्द्र है| इसी आधार पर यह घाट दण्डी घाट के नाम से जाना जाता है। 20वीं सदी के प्रारम्भ में काशी के प्रमुख उद्यमी लल्लू जी अग्रवाल ने गुल्लारिया घाट के साथ साथ इस घाट को भी पक्का करवाया।

जीवन की हर गाथा को छोड़कर मनुष्य जन्म के वास्तविक प्रयोजन हेतु धर्म के मार्ग पर दण्ड धारण के साथ सन्यास ग्रहण कर प्रभु प्राप्ति के लिए विचरण करने वाले साधु सन्तों को दण्डी स्वामी कहते है।

चुनार के बलुआ पत्थरों द्वारा निर्मित यह पक्का घाट बहुत ही आकर्षक है और यहां पर दण्डी स्वामियों के लिये एक मठ व्यायामशाला एवं एक शिव मंदिर भी है। यहां पर स्नान के अतिरिक्त श्रद्धा कर्म के लिये ज्यादा लोग आते है।

यह घाट हनुमान घाट के सटे होने के कारण दक्षिण भारतीय सैलानी अक्सर इसी घाट पर आते जाते रहते है।

दण्डी स्वामी मठ यहा स्थित होने के कारण दिन भर अनुयायियों व शिष्यों की हलचल रहता है। साधु संतो के निवास के कारण घाट स्वच्छ व निर्मल है| पत्थरों से बने इस पक्के घाट पर गली तक जाने के लिए सीढ़ियां निर्मित हैं। आये दिन होने वाले धार्मिक अनुष्ठानों व आयोजनों के कारण घाट की जीवंतता अद्यतन बरकरार है| तीज जैसे त्यौहारों पर घाट पर स्नान करने वालों की भारी भीड़ होती है। विशेष कर गुरू पूर्णिमा के दिन घाट, शिष्यों व अनुयायियों से खचाखच भरा रहता है। काशी के घाटों की श्रृंखला को पूर्ण करता यह घाट भी काशी की परम्परा में एक मील का पत्थर है।

हनुमान घाट

हनुमान घाट

दंडी घाट एवं कर्नाटक घाट के बीच स्थित हनुमान घाट 18वीं सदी ई. के पूर्वाद्ध तक रामेश्वर घाट के नाम से प्रसिद्ध था| कहते हैं काशी यात्रा के समय भगवान श्री राम ने स्वयं यहां शिवलिंग की स्थापना की थीए इसी कारण इस घाट का नाम रामेश्वर घाट पड़ा था। आज भी यह शिवलिंग घाट पर स्थित नागा साधुओं के जूना अखाड़े के पर कोटे में स्थित है।

कालान्तर में 18वीं सदी ई. में गोस्वामी तुलसीदास जी ने यहां हनुमान मंदिर की स्थापना की जिसके कारण इस घाट का नाम हनुमान घाट हो गया।

धार्मिक एवं सांस्कृतिक दृष्टि से भी यह घाट अत्यन्त महत्वपूर्ण है| यहां प्रायः धार्मिक एवं सांस्कृतिक आयोजन होते रहने की प्राचीन परम्परा है।

16वीं सदी ईं. में बल्लभाचार्य ने काशी में इसी घाट पर निवास किया और यहीं निर्वाण प्राप्त किया इस दृष्टि से वैष्णव सम्प्रदाय के लोगों लिए यह घाट खासा महत्व रखता है।

घाट पर दक्षिण भारतीय समुदाय के बाहुल्य के कारण यहाँ पोंगल, गंगा-दशहरा, विजयदशमी आदि पर्व बड़े उत्साह से मनाए जाते हैं। घाट पर मन्दिरों का बहुलायत है जिसमें हनुमान मंदिर, रामेश्वर,

रीतेश्वर, भरतेश्वर, लक्ष्मणेश्वर, शत्रुघ्नेश्वर रूरू भैरव तथा महाप्रभु जी का बैठक मंदिर प्रमुख है।

∽

सन्दर्भ

|| इस पुस्तक को लिखने के लिए सहायक ग्रन्थ एवं स्लोथानीय लोगों को दिल से मेरा प्रणाम ||

धन्यवाद

लेखक : काशी के घाट
डॉ० हरिशंकर जी
लेखक : काशी के घाट
(कलात्मक एवं सांस्कारिक अध्ययन)

वाराणसी प्रशासन

एवं

स्थानीय लोग

∾

Lightning Source UK Ltd.
Milton Keynes UK
UKHW010632160123
415428UK00005B/333

9 798888 495414